LOUISE MICHEL

LA LOUVE

Du même auteur

Gilles de Rais, ou la geôle du démon
Amalthée 2012

ALAIN DUPRAT

LOUISE MICHEL, LA LOUVE

Théâtre

suivi de textes
d'archives sur Louise Michel

© Alain Duprat, 2016

Photos : © Emmanuel Desgrées du Loû

Éditeur : BoD – Books on Demand

12/14 rond-point des Champs-Élysées, 75 008 Paris

Impression : BoD – Books on Demand, Allemagne

ISBN : 978-2-8106-2741-7

Dépôt légal : février 2016

« Le Code de la propriété intellectuelle interdit les copies ou reproductions destinées à une utilisation collective. Toute représentation ou reproduction intégrale ou partielle faite par quelque procédé que ce soit, sans le consentement de l'auteur ou de ses ayant droit ou ayant cause, est illicite et constitue une contrefaçon, aux termes des articles L.335-2 et suivants du Code de la propriété intellectuelle. »

*Oh ! Mon rêve est bien grand et je suis bien petite.
Destin que feras-tu de mon rêve géant ?*

Avant-propos

Dans cette œuvre j'ai voulu faire ressortir une âme forte du XIXe siècle, celle d'une femme tout à la fois encensée et calomniée de son vivant : Louise Michel.

Haïe et aimée, honorée et vilipendée, elle ne laissa pas de surprendre ses contemporains.

Née en 1830, la "pétroleuse" de la Commune fut une militante politique et une écrivaine qui fut remarquée et admirée par Victor Hugo, Georges Clemenceau, Jules Vallès et Paul Verlaine, entre autres.

La plupart des grandes figures de l'action politique contemporaine lui ont toujours rendu hommage tant pour son courage inébranlable que pour la force de ses convictions.

Maîtresse d'école, elle estimait que l'instruction des enfants, filles et garçons, pouvait ouvrir la société sur un avenir flamboyant. Elle pensait que le savoir permettait à l'Homme d'être libre. Mais elle fut aussi une femme sensible et aimante. Elle resta toujours proche de sa mère Marianne qu'elle protégea durant les périodes difficiles. Fidèle en amitié elle ne renia jamais celles et ceux auprès de qui elle s'était engagée politiquement jusque dans les combats meurtriers de 1871 à Paris.

Théophile Ferré, frère de son amie Marie, fut son amour exclusif. L'exécution de ce militant communard après la semaine sanglante l'affecta profondément.

Revenue de déportation en 1880, elle poursuivit la lutte pour le progrès social. Sa fougue révolutionnaire lui valut d'être emprisonnée à plusieurs reprises.

Seule la camarde put faire taire la vierge rouge, le 9 janvier 1905.

A la fin du texte nous avons tenu à présenter des poèmes choisis pour révéler la beauté de sa plume. Quelques extraits de lettres qu'elle envoya à Victor Hugo peuvent nous faire ressentir l'influence des Évangiles sur sa formation lorsqu'elle vivait encore au château de Vroncourt. Dans ses mémoires elle reconnaîtra qu'elle ressentait souvent l'influence de ces moments de mysticisme vécus dans son enfance lorsque guidée par une tante bigote elle visitait les églises à la nuit tombée accompagnée de ses cousins.

Pour clore cet hommage, nous proposons aussi certains vers célèbres écrits pour elle par Victor Hugo et Paul Verlaine.

Alain Duprat

*Pièce créée le 5 octobre 2013 au Trees Jazz Theatre
(Restaurant Chartier) à Levallois Perret (Hauts de Seine)*

mise en scène d'Emmanuel Desgrées du Loû

avec Clémentine Stépanoff dans le rôle de Louise Michel

Cette pièce a été jouée :

*au Guichet Montparnasse (Paris) en 2016
au Théo-Théâtre (Paris) en 2015
au Théâtre de Ménilmontant (Paris) en 2014
au Théâtre 89 Casalis (Créteil) en 2013
au Trees-Jazz Théâtre (Levallois) en 2013*

Janvier 1886.

Louise Michel vient d'être libérée. Elle avait été condamnée à 6 ans de prison pour avoir participé à l'attaque de trois boulangeries en marge de la manifestation des chômeurs du 9 mars 1883 sur l'esplanade des Invalides.

Après avoir effectué seulement 3 ans de sa peine, elle est libérée grâce à une amnistie du président Jules Grévy.

Elle a prévu une conférence dans la salle d'un restaurant de Levallois-Perret que ses amis lui ont trouvée.

Accompagnée ou plutôt suivie par deux policiers jusqu'à la porte, elle entre et commence à parler à un auditoire composé en partie de compagnons de lutte.

(Aux policiers en poussant la porte)

Merci messieurs de m'avoir accompagnée. Au-revoir et à bientôt !

Me flanquer deux policiers pour m'accompagner partout où je me rends, quel insigne honneur !

Mes amis, mes compagnons de lutte je vous remercie d'être venus dans cette salle de Levallois Perret aimablement mise à notre disposition.

Ici il fait plus chaud que dans ma cellule de Saint-Lazare ou de Clermont.

Ah ! Les foutus salauds croyez moi ils n'ont pas prévu le confort des prisonniers. Que j'ai eu froid ! J'ai cru crever... ! Mais je ne suis pas là pour vous parler des agréments des geôles de la république.

Votre présence me réconforte parce qu'elle prouve votre attachement à ma personne et aux idées que je défends.

Tu es présent, Jules Guesde, et toi aussi Henri de Rochefort. Je vois aussi mon compagnon d'armes, Maxime Lisbonne. Et puis Nathalie Lemel, toujours fidèle, à côté de ma chère Marie Ferré. Beaucoup de visages connus.

Mais je tiens à remercier aussi tous ceux qui sont venus m'entendre pour la première fois parce qu'ils sont intéressés par nos luttes. Malgré toutes les attaques dont je suis l'objet. Malgré les calomnies et les insultes vous êtes là.

Pourtant il est vrai que certains articles de presse n'engagent pas à me rejoindre pour me soutenir.

Alors ce jour, je ne ferai pas un simple discours politique, dans la bonne tradition. En effet je me dois aussi de répondre devant vous aux articles insultants de ces journaux que j'ai parcourus depuis ma sortie. Il faut parfois se mettre en avant, parler de soi quand on est une militante connue car les attaques contre la personne peuvent nuire aux idées défendues.

Voyons ensemble ce que dit la presse. Dans L'Univers Illustré... Voyons... Bien. Là c'est Jules Grévy qui en prend pour son grade pour m'avoir relâchée au bout de trois ans.

"Le président de la république a eu la faiblesse d'écouter les admirateurs de la Louise, la pétroleuse."

Et c'est Georges Clemenceau qui est visé, bien entendu.

Là, oui : *"la communarde, la vierge rouge est désormais prête à s'attaquer les honnêtes gens .Tremblez les boulangers !"*

Imbéciles !...

"Des agitations en perspectives."

Ça attendez pour voir, vous ne serez pas déçus.

Ah! En plus, voilà la belle caricature de ce monsieur Pépin. Le Grelot accepte ses dessins. Ce Pépin me traite toujours de *"mère Michel qui est fort en colère de ne pas avoir perdu son chat."*

Quel humour ! Là il me voit prendre la direction de l'asile de Charenton . Oh ! On dirait une folle. Qu'il vienne donc me chercher, le Pépin du Grelot !

Ah ! Ils se déchaînent. Les salauds ! Je devais m'y attendre.

"La louve sanguinaire est de retour, ils ont relâché l'animal furieux"

"La louve assoiffée de sang est dorénavant prête à s'attaquer aux gens de biens par la faute d'une décision de clémence du président Grévy !"

Foutaises !

La louve sanguinaire !

Mais ils n'ont que cette expression au bout de leur plume. Elle excite les sots et permet un meilleur tirage de leurs gazettes. Sanguinaire : c'est intolérable. Je n'accepte pas d'être traitée de la sorte. Ils aiment blesser. A la calomnie je vais répondre dans les journaux qui défendent la cause du prolétariat. Répondre en soignant un article que mes amis vont bien parvenir à faire publier.

Rochefort, je sais que tu m'accorderas une colonne dans l'Intransigeant. Maxime, tu connais Dupuy du Petit Parisien, tu sais ce qu'il te reste à faire. Mes amis, vous ne m'avez jamais abandonnée. Je dois beaucoup à votre fidélité. Heureusement que vous êtes là, si proche.

Je pourrais titrer mon article ainsi :

"La communarde répond aux calomniateurs et à tous ceux qui la harcèlent."

Et je poursuivrai ainsi :

Le sang je l'ai vu couler et je l'ai en horreur.

J'ai mené bien des combats durant ma vie. Beaucoup de larmes...Beaucoup de peines ... pour des combats justes. Je n'ai pas hésité à tenir le fusil, non pour parader dans le Paris des barricades mais pour tirer, oui, tirer sur des hommes, les ennemis du peuple révolté. J'ai fait le coup de fusil par devoir !

Mes amis, mes compagnons, quand la nuit vient, j'entends encore la clameur de la foule en armes, j'entends les hurlements de colère, les hurlements de souffrance, je distingue même le cri de l'effroi, le dernier cri, celui qui désigne la mort lorsqu'elle surgit !

Des gémissements… des visages que je caresse pour apaiser l'angoisse trahie par le regard sombre. Dernier sourire de l'agonisant. Regard vague qui contemple la mort.

Ambulancière durant une période de la Commune, j'ai ressenti de la compassion pour tant de souffrance. Je ne trouve pas les mots justes pour exprimer tous les souvenirs, images affligeantes qui assaillent ma mémoire.

Douleurs ! Douleurs ! Qui jaillissent du cœur quand le sommeil tarde.

Peut-être que ces mots n'existent pas, qu'ils sont à inventer.

J'entends toujours le son du canon : Montmartre, Issy-les-Moulineaux, Neuilly, et je frémis encore à celui qui perça nos lignes de Clignancourt annonçant la semaine sanglante.

C'est parce que j'ai lutté pour la liberté durant la Commune que l'on m'a appelée la louve, c'est parce que je me suis confrontée à la cruauté et la stupidité de ce monsieur Adolphe Thiers que l'on a ajouté l'adjectif sanguinaire…

Adolphe Thiers, valet de tous les régimes …

Sanguinaire, une femme qui lutte pour la liberté ? Sanguinaire, une femme qui soigne les blessés sous la mitraille ?

Thiers était un être froid sans aucun sentiment de compassion. La froideur du marbre, l'inquiétante attitude de ceux qui croient détenir la vérité. Le vaniteux !

Rien ne pouvait faire flancher cet homme. Pas de mansuétude, rien… Sinon la morgue des nantis, le mépris des bourgeois. Était-il humain ?

J'ai bien eu l'idée d'aller supprimer cet odieux personnage. Je l'aurais tué sans que ce geste ne ternît mon âme. Les événements m'ont détournée de ce projet. En réfléchissant bien cela aurait été simplement inutile : les riches ont des réserves inépuisables de petits tyrans prêts à les servir. La société des riches sait se protéger des gueux.

Clemenceau m'a dit un jour à Montmartre :

"Thiers est le type même du bourgeois cruel et borné qui s'enfonce sans broncher dans le sang."

Armée, police et chefs obséquieux : Voici la fange du capitalisme !

Les bourgeois ne savent diriger qu'en étant injustes et cruels.

Alors j'ai pris les armes, pour lutter, lutter contre l'injustice, le fléau de l'humanité, le pilier des exploiteurs ! Je l'ai affrontée parce que j'ai compris qu'elle s'est imposée de la volonté des hommes. Aucun doute : c'était mon devoir.

La louve, la louve... La louve me va très bien. Bel animal! Mère prévenante pour ses petits. Capable de défendre son territoire avec force, avec vigueur.

Ah ! Je reprends des forces ...

Messieurs, continuez. Continuez, appelez-moi ainsi tout simplement.

N'est-ce pas elle, cette femelle qui en nourrissant deux bambins a permis la naissance de Rome ? En réfléchissant bien je me découvre fière d'être insultée aussi justement ! A vrai dire je les méprise, tous ceux qui m'insultent.

Je crois en une victoire finale.

Pourtant parfois j'ai pu douter, je l'avoue. Mais dans ces moments d'interrogation je me suis toujours remémoré les paroles d'espoir d'Auguste Blanqui, et de Théophile Ferré, ces grandes figures du refus qui m'incitaient à être toujours prête et disponible pour repartir au combat, prête à affronter.

Être en accord avec nos idées.

Ne rien oublier, ne rien désirer sinon la liberté et la justice... ne rien réclamer sinon l'égalité ! Voici mes convictions ...

Me voici à nouveau, et bien disposée à reprendre le flambeau des luttes ouvrières. Je vais apporter mon aide aux prolétaires des mines. Ces nouveaux esclaves du progrès sous le joug de patrons impitoyables ! Je vais préparer des révoltes ! Qu'ils le sachent !

Leurs fusils et leurs fers n'empêcheront pas la vague grondante de les submerger.

S'ils pensent m'avoir calmée en me foutant en taule, je saurai leur prouver leur erreur ! Pour les anéantir je suis plus déterminée que jamais!

Il faut nettoyer l'humanité de son lisier !

Jules Guesde, j'ai bien reçu ton courrier que j'ai lu dans ma cellule. Tu m'y annonce qu'il y a eu encore des problèmes dans les mines de Decazeville... Decazeville... Compte sur moi mon ami !

Les mineurs doivent être soutenus dans leurs luttes. Leurs conditions de vie et de travail sont inhumaines.

Déjà, par tous les moyens, il faut éviter à leurs enfants cette vie insupportable.

Instruits et nourris, ils pourront sortir de l'ombre des usines et des fabriques, de l'ombre caverneuse des mines où les lampes poussiéreuses éclairent la paroi sombre des galeries, là où transpirent ces esclaves oubliés.

Ces gnomes des labyrinthes au service des riches, misérables qui préparent sans le savoir leur mort éprouvante.

La lumière des livres ! Nom de Dieu !

Le bourgeois refuse aux enfants cette lumière. Sait-on pour quelles raisons?

Parce que les enfants qui resteront misérables seront plus tard indispensables à son enrichissement.

L'enfant se glisse aisément dans les boyaux de la terre pour extraire la richesse de ce monsieur. Ces jeunes travailleurs connaissent le bonheur sur terre en grattant les profondeurs de la mine.

Les petits de Dieu ramassent à la pelle les morceaux de la paroi qu'attaque le pic de la pioche que tient fermement le père ou l'oncle. Dans les profondeurs on travaille en famille.

Les éclats sont ramassés par le gamin qui manie si bien son outil. D'ailleurs il sera récompensé en recevant trois sous le soir même ou peut-être demain si c'est le jour du salaire.

Pieds nus, la tête noire de poussière, l'enfant comme il est mignon. Cela lui rend les dents plus blanches à la lumière de la lampe.

Quand le patron descend dans les entrailles de son domaine pour une visite impromptue l'enfant s'agite encore plus vite pour être remarqué par l'imposant maître qui fait l'honneur au bétail humain de sa revue annuelle. Qu'il est intimidant avec sa fine moustache qu'il ne cesse de plisser en regardant travailler les autres.

C'est vrai que le beau Monsieur pour qui le petit travaille sait dire des mots encourageants:

"C'est bien, c'est bien mon garçon c'est bien je suis fier de toi, tu mérites ton salaire."

Et il rit, il rit, le goret ...

Parfois il en reconnaît un parmi la masse :

"Ah, c'est toi le fils de Gaston Martin, ce brave mineur qui nous a quitté dernièrement. Pauvre garçon. Tu fais un beau métier. Ton papa est parti voir le Seigneur au ciel, c'est bien malheur de tomber sur le grisou. Mais toi tu poursuis sa tâche. Au Ciel il doit être fier de toi, fier de son fiston. Va petit ramasse le charbon. Continue !"

Et il sourit en tirant sur les filets de poils brillant de crème huileuse qui remontent de chaque côté de son visage, marquant ses joues grasses.

Il est ainsi le bourgeois, paternel avec les enfants.

"Quel âge as-tu?... 13 ans !... la force de l'âge."

Et il remonte à l'air libre là-haut où le soleil si chaud l'oblige à mettre son beau chapeau de paille. On ne sait jamais.

Et là il a une réflexion qui fait s'esclaffer tous les contremaîtres agglutinés pour la circonstance de cette visite princière.

"Ce n'est pas en bas qu'ils prendraient une insolation !"

On apprécie beaucoup, il est si marrant le maître ! Il est généreux en paroles, rigolotes à souhait.

Qui doit-on mépriser le plus, le bourgeois obséquieux ou le prolétaire qui fait les yeux doux à son maître ? *(silence)*

(Elle marmonne) Rien de pire que les traîtres...

Mais il faut bien chauffer le four d'où coule la fonte qui se transformera en or pour l'enrichissement du beau pays que nous aimons tous.

Après avoir jeté la tête du Roi dans le panier, le bourgeois a voulu détenir tous les pouvoirs.

Il a conforté ses richesses en s'emparant des biens récupérés au clergé engraissé par des siècles de servage.

Maintenant il lui suffit de bien faire les lois en disant au peuple que la démocratie est là. Que le vote des hommes donne l'assurance de la victoire. Que le peuple décide! Votez ! Votez, oui mais pour qui ?

Pour moi, pour moi votre nouveau seigneur.

Alors le peuple comprend qu'il est opprimé par une multitude de petits roitelets. En Assemblée ils décident de son avenir. L'argent et la loi ...

Élégant comme une pomme lustrée, le bourgeois sourit aimablement à la populace qui peut voter. Il arbore un sourire aimable, tout en gardant l'œil sévère. En effet il faut surveiller cette masse imbécile. Gare! Il faut bien voter. Et pour que le prolétaire vote bien il faut lui imposer une bonne morale : la bonne morale de Monsieur le curé.

Dans sa paroisse le curé tient ses registres ordinaires. Mais aussi un registre plus discret sur lequel il note avec zèle le nom des ouvriers qui ne se rendent pas à l'office religieux entendre le prêche dominical. Gare à celui qui irait faire la messe buissonnière!

Son nom sur une feuille. La feuille de la honte sera remise au patron de la mine ou de la fonderie, le même souvent.

Alors la réprimande chutera sur la tête de l'effronté.

Refuser la messe est menace pour celui qui distribue les sous du salaire. Comment ? Pourquoi ?

Parce que celui qui n'entend pas la voix du prêtre n'entend pas la bonne parole qui réconforte le prolétaire en lui glissant toujours que le dernier sera le premier, que Jésus est la porte du ciel pour l'éternité.

Le patron s'assoit toujours devant l'autel, une place d'honneur qui lui donnera par privilège les bras accueillants du Sauveur le moment venu. Là, bien en face, c'est lui, les yeux mi-clos et les lèvres serrées.

On chuchote dans les rangs. C'est Madame, habillée de sa jolie robe, sa belle gueule couverte d'un chapeau à l'élégance soignée. Ses mouflets endimanchés suivent la mine sévère pour faire sérieux, et dire qu'ils seront bientôt en tête du cortège. Et puis à la fin de l'office il suffit de quitter le lieu en premier pour passer en revue les paroissiens...

C'est bien de les voir du coin de l'œil pour dire sans le dire :

"Je vous vois tous... Vous avez entendu le sermon de Monsieur le curé, vous l'avez entendu ? Nous nous comprenons. Sans rien se dire. Mon œillade suffit. Parfait, parfait, votre soumission nous plaît et nous rassure..."

Un rituel bien respecté ...

Madame peut décrocher un sourire à l'attention de la pauvrette qui a perdu son mari, son Gaston, ce mineur imprudent qui est monté au ciel pour avoir frappé la poche de grisou... un orphelin et une veuve... Grisou ! La mort a des noms curieux parfois. Grisou, cela est aimable, ça sonne bien... C'est le surnom que l'on donnerait affectueusement à un marmot : Grisou, grisou...

Ah ! je les combattrai jusqu'à mon dernier souffle, ces exploiteurs !

Moi, j'ai hurlé le désespoir des prolétaires, moi j'ai gueulé la peine des veuves, alors la police des roitelets s'est intéressée à mon sort !

Les religions et les états sont encore là, devant nos yeux, mais les cadavres n'ont-ils pas gardé l'apparence humaine quand on les ensevelit pour les confier à la terre ? Pâleur et décomposition, la vieille société les a déjà dans les affres de l'agonie.

Les bourgeois de Decazeville vont avoir à faire à la pétroleuse.

Jules, quelle joie de te retrouver pour reprendre la lutte ! Tu sais bien que lorsque réapparaît Louise Michel, les profiteurs peuvent s'inquiéter.

Tremblez les maîtres!

L'argent, la loi et la bonne morale... Foutaise !

Des groupements libres d'individus libres, le travail fait pour le bien de tous et de chacun : il faudra bien qu'on en arrive là, par nécessité, puisque quelques oisifs, quelques monstrueux parasites, ne peuvent faire disparaître, à leur gré, les légions sans nombre, les légions grondantes de ceux qui travaillent.

Révoltez-vous ! Relevez la tête ! Nom de Dieu ! Vous êtes exploités par ces riches que vous engraissez par votre travail ! Ils vous exploitent sans vergogne. Ils vous maltraitent lorsque vous réclamez tant soit peu votre dû.

Vos maladies ils s'en foutent ! La fatigue de vos gosses, ils s'en foutent ! La maigreur des femmes, qu'importe !

L'esprit de l'Internationale a survécu aux fusillades Versaillaises.

La chrysalide humaine évolue : on ne fera plus rentrer ses ailes dans l'enveloppe crevée. Plus on brise les hommes, et plus profondément, sinon plus rapidement, les idées se répandent.

Mais là maintenant, tout juste en ce moment de liberté retrouvée, j'estime devoir exprimer tout ce que je ressens depuis tant d'années. Pour quelle raison ai-je envie de dire et d'écrire ce que j'ai sur le cœur ? Pour que soit fixé sur la page d'un journal la vérité, la vérité sur moi et sur tous les événements auxquels j'ai participé.

J'ai la volonté de me présenter devant le seul juge que j'accepte, le peuple, et de me montrer devant lui telle que je suis après tant d'épreuves, après tant de souffrances, après tant de larmes.

Le temps passe et j'ai des secrets à dévoiler. D'ailleurs une âme sans secret n'est qu'un tombeau vide.

Peut-être qu'en me lisant on va finir par les découvrir tous.

Si cela est possible, j'accepte.

Dévoiler ce que j'ai si longtemps enfoui au plus profond de mon être taquine souvent sournoisement mon esprit.

Baisser les armes pour ouvrir son cœur.

Je me suis battue, battue contre l'ignominie de l'indifférence. Je n'ai jamais supporté l'injustice qui frappe, qui humilie, qui détruit.

Ma vie n'est pas encore finie mais mon parcours est bien avancé, suffisamment avancé pour que j'ose faire cette déclaration au monde, à ceux qui m'aiment, et surtout à tous ceux qui me détestent pour qu'ils puissent me comprendre sinon m'apprécier.

Toujours ceux qui s'attaquent aux dieux et aux rois furent brisés dans la lutte ; pourtant les dieux sont tombés, les rois tombent, et bientôt se vérifieront les paroles de Blanqui : « ni dieu, ni maître ! »

Jules Vallès a écrit sur moi :

"Notre Jeanne d'Arc à nous est un homme de combat ! Cette sœur de charité est aussi un frère d'armes."

Hommage que j'accepte volontiers. C'est plaisir de le répéter quand j'ai envie de me faire du bien à l'âme. Je finirais par devenir orgueilleuse.

Souvent quand je souffre de trop réfléchir, je me plais à rédiger quelques poèmes. J'ai ce goût depuis l'enfance. Un peu de baume, un onguent de douceur qui apaise mon esprit...

Dans une autre vie je crois bien que je choisirais de me consacrer entièrement à la poésie. Ah, oui ! La paix, la sérénité de l'esprit.

Dévoiler mes pensées les plus enfouies en tournant des vers c'est certainement apparaître dans ma pleine vérité, sous l'organdi de la pudeur. C'est ainsi que j'avoue mon besoin de donner de l'amour.

D'ailleurs je n'ai jamais pu m'empêcher d'aimer, et tout cet amour qui est en moi je l'ai offert sans jamais rien attendre en retour... comme l'exige ce sentiment. Depuis mon jeune âge, j'ai toujours aimé, aimé la nature, les animaux que j'ai tant protégés. Surtout aimé ma famille, ma pauvre mère Marianne qui repose maintenant, aimé les hommes aussi ; que j'ai dû affronter souvent ... trop souvent.

Mes écrits resteront-ils ?

Dans la quiétude de ma chambre, j'ose enfin dire mon être intime, mon âme tout simplement. Je me découvre, je ressens une joie simple qui me libère des chaînes de mes peines.

Je me demande si la pétroleuse n'a pas l'âme romantique ? *(Rires)*

Lors de mon prochain procès, qui ne saurait tarder, je sais ce que je dirai aux juges pour me foutre de leur gueule :

"Vous avez devant vous une romantique, une sociétaire de l'Union des poètes."

Ma sensibilité me vient de mes années d'enfance, je le sais bien. Je dois même lutter contre cette faiblesse.

Ne suis-je pas le fruit d'un amour impossible, la marque de la honte ? Ma mère une humble servante, mon père, Laurent fils du riche châtelain Demahis. Conte de fée ou histoire pitoyable ? ...

Un doute, oui un doute, là, là. *(Elle place un doigt sur le front)*

En fait, je n'ai jamais su qui est vraiment mon père. Laurent m'a affirmé qu'il était mon frère. Les familles cachent toujours de vilains secrets que les enfants se plaisent à découvrir en comprenant les non-dits ou en saisissant les messages enfouis dans les silences.

Ainsi toutes les vérités dissimulées en vain finissent par abîmer de leurs poisons nos plus beaux souvenirs.

J'ai toujours ressenti le poids de la bâtardise. *(Silence)*

Le doute, le doute cette larve besogneuse, ronge mon âme pour y creuser des galeries de souffrance ...

Garce de vie ! Cette larve là, là ... *(la main sur le front)*

Je ne puis toucher à la mémoire de ma mère.

Ça jamais ! Je m'y refuse. Jamais !

Allons, allons, bâtarde mais heureuse quand même. Mes véritables années de bonheur je les aurai passées auprès de cette famille aimante au château de Vroncourt, choyée et instruite par mes grands-parents, protégée par une mère attentionnée. Ai-je le droit de me plaindre ?

Que la nostalgie est éprouvante !...

Sois forte Louise ! Sois forte ! Pas de larmes !

Mes choix ne souffrent pas d'être contrariés, ce n'est pas le moment.

Puisqu'il semble que tout cœur qui bat pour la liberté n'a droit qu'à un peu de plomb, j'en réclame ma part, moi ! Si vous n'êtes pas des lâches, tuez-moi !

C'est parce que j'ai lutté pour la liberté durant la Commune que l'on m'a appelée la louve

Gloire à ceux qui volent du pain pour le distribuer aux pauvres!

La louve sanguinaire ou la vierge rouge ! Il faudra bien choisir entre ces deux expressions. La vraie Louise-Michel se cache-t-elle derrière la louve ou derrière la vierge ? *(Rires)*

Pourtant n'est-ce pas Victor Hugo lui-même, le grand Hugo qui m'a toujours complimentée sur mon œuvre et mes actes ? Au point que je finirais presque par devenir coquette si je prenais pour argent comptant tout ce qu'il a dit de moi. C'est vrai que je suis fière d'être son amie.

Voilà que je découvre en moi une pointe de prétention. Une touche guère plus...

Et puis quand un grand homme fait votre éloge cela vous réconforte. Cela vous laisse croire que vous valez quelque chose dans ce bas monde, un peu plus qu'un animal cruel.

Il écrivit en mon honneur... quelle grâce... le poème *"viro major"*. Cela signifie, plus grande qu'un héros... plus grande qu'un héros ! Rien que ça !

Un vers de son poème me plaît :

"Ton œil fixe pesait sur les juges livides"

Ces officiers, ces militaires qui jouissaient de condamner au peloton mes frères de lutte. Ces juges qui n'ont pas voulu m'ôter la vie, non par mansuétude mais par lâcheté ou par éducation, je les avais toisés, je les avais outragés de ma rigueur. Je leur avais réclamé la mort. La mort pour suivre mes compagnons de lutte, tout simplement comme l'honneur l'exige.

Puisqu'il semble que tout cœur qui bat pour la liberté n'a droit qu'à un peu de plomb, j'en réclame ma part, moi ! Si vous n'êtes pas des lâches, tuez-moi !

Une femme doit être jugée comme un homme !

Au diable l'hypocrisie de la stupide faiblesse des femmes. On se moque des femmes depuis la nuit des temps. En l'occurrence c'était pitoyable, bien de mes camarades condamnés au peloton en avaient fait moins que moi pour mériter le supplice.

Deux nouveaux vers me viennent comme ça en mémoire tout en parlant, voilà, je les tiens :

"Ton oubli de toi-même à secourir les autres,

Ta parole semblable aux flammes des apôtres..."

Il aurait été capable le divin poète de me consacrer déesse, prophétesse peut-être. Flatteur mon poète.

Un autre m'a émue aux larmes lorsque je l'ai lu la première fois, oui aux larmes... je pleure parfois. La louve peut verser des larmes. Compliment suprême :

"Et les pieds des enfants réchauffés dans tes mains..."

Magnifique, n'est-ce pas ?

Oui... voilà, dans un autre il me fait dire :

"Je viens de la nuit où l'on souffre."

Et moi je prends la liberté d'ajouter de ma plume ce qui pourrait être une épitaphe :

J'avance seule vers le néant de la tombe.

Ah ! Les oiseaux noirs sont revenus ....

Victor Hugo dit aussi la souffrance des humbles, sa plume lance des vérités qui secouent les esprits, les ouvrent pour libérer la pensée. Je t'aime Hugo, je t'aime et te vénère.

"Et... les pieds des enfants... réchauffés... dans tes mains."

Ah ! Oui, les enfants. Toujours les enfants ! Les innocents que l'on doit éduquer et choyer. Dans le Paris affamé, grâce à l'aide de mes amis j'ai pu ouvrir une cantine pour mes élèves.

L'enfant ne peut apprendre à lire et à écrire s'il a le ventre vide. C'est simple à concevoir ! Bon Dieu !

Les enfants doivent être réchauffés à la flamme du foyer et aux rayons nourriciers de l'intelligence. Il faut les aimer et leur donner les armes des esprits libres qu'offre une bonne instruction.

Fils et filles de la misère ! Prenez le pouvoir! Soyez dignes ! La révolution s'impose. L'intérêt de tous exige la fin du parasitisme !

Plus puissante que les fusils, plus destructrice que les canons, la révolte des pauvres, des crève-la-faim, qui balaiera à jamais cette société détestable.

Voilà que je me remets à gueuler ! Calme-toi Louise....

Alors que je viens juste d'être libérée.

Incorrigible !

Condamnée pour avoir participé à l'attaque de trois boulangeries après la manifestation des chômeurs du 9 mars 1883, sur l'esplanade des Invalides. Ils m'ont condamnée à 6 ans de prison.

Six ans pour quelques pains !

Saint-Lazare, Clermont de l'Oise et me voici libre. On s'est décidé à me libérer au bout de trois années, graciée par leur président, leur petit roi Jules, le Jules Grévy.

Mais j'annonce à ce Président que La France va connaître de nouveaux combats.

Mes compagnons, mes amis votre venue ici dans cette salle prouve que notre détermination est totale. Notre loyauté à la cause du prolétaire est inflexible.

Je le proclame.

Je n'ai jamais été aussi fière. La prison me donne de l'énergie. *(Rires)*

Affronter leurs tribunaux pour avoir voulu donner du pain aux pauvres. Quel beau geste ! Je ne regrette rien.

Gloire à ceux qui volent du pain pour le distribuer aux pauvres !

Voici ce que les prêtres devraient affirmer lors de leur prêche. D'ailleurs les ouailles croiront entendre un extrait des évangiles. *(Rires)*

Ils répondront : Amen ! *(Rires)*

J'ai écrit en cellule:

A force de gerbes coupées se lèvera le jour où tous auront du pain.

De l'espoir, il faut croire en la victoire. Avec Jules Guesde nous ne cesserons de le proclamer.

Et je me fous de leurs tribunaux ! Je me fous de leurs juges qui insultent et méprisent les pauvres ! Ces riches qui écorchent la misère. A bas les exploiteurs !

Quelques mots d'humeur, voilà je me sens mieux. Bon Dieu c'est simple le bonheur.

Oui, j'ai accepté d'attaquer des boulangeries pour dire que le petit peuple est en souffrance. Je ne supporte pas que l'on puisse souffrir de la faim quand on sait qu'un simple bout de pain suffit pour faire cesser ce tourment.

Il faut savoir partager, même si on a peu il faut vouloir aider ceux qui n'ont rien.

Le partage ... le partage !

Répéter sans cesse ces choses aisées à entendre, des évidences, en vérité, me fatigue !

L'action est essentielle. Ne permet-elle pas le progrès quand elle est sublimée par l'amour de l'humanité ?

La passion de l'écriture ne s'est jamais accentuée en moi au point de me limiter dans les luttes.

Tremblez les riches, les égoïstes, Louise-Michel prend de l'âge mais elle sera toujours là pour dénoncer vos méfaits! Toujours là, toujours là ! Bon du moins tant qu'elle pourra cracher sa rage.

Jamais avouée vaincue, elle n'a jamais baissé le regard.

Et qu'ils sachent toutes ces brutes que le peu de force qu'il lui reste servira encore pour cette cause : la dignité de l'homme et de la femme. La femme dont la vie, jusqu'à présent, n'a été qu'un enfer ! Qu'il s'en aille cet enfer là avec les songes creux des enfers mystiques !

Il reste bien des boulangeries à attaquer... *(Rires)* la lutte est inachevée... *(Rires)*

Et je me fous de leurs prisons ! Mon dernier souffle ...

(Silence)

Mon dernier souffle sera pour dire mes dernières pensées à l'adresse de tous ceux que j'aurais aimés sur terre, mais au fond de moi dans le silence de l'instant qui précède la mort je ne cesserai d'affirmer ma haine de l'intolérance.

Vous qui m'entendrez par-delà le tombeau, vous qui aimez l'Homme, vous qui aimez le peuple, poursuivez la lutte. C'est la louve sanguinaire qui vous le dit. C'est la vierge rouge qui vous le conseille. Comme les hommes ont la prévenance de donner des surnoms savoureux aux femmes qu'ils détestent ou qu'ils craignent !

Mais j'ai toujours eu pour moi le réconfort de mes amis.

Parfois plongée dans les pensées les plus sombres je parviens à retrouver la lumière de la vie en les évoquant.

Ceux que j'ai perdus au combat dans les rues de Paris quand les Versaillais pénétraient nos lignes ; ceux que j'ai gagnés durant ma déportation en Nouvelle Calédonie.

Mais une chose est sure : tous sont ou ont été des combattants au service de la justice sociale.

Survivants du massacre, sur le navire de la déportation nous avons dit notre peine. Quand la France qui nous détestait s'éloignait, avec Nathalie Lemel nous avons chanté, chanté le chant des Communards pour dire que nous étions toujours les pétroleuses de l'espoir.

[Le Temps des cerises]

Quand nous chanterons le temps des cerises
Et gai rossignol et merle moqueur
Seront tous en fête
Les belles auront la folie en tête
Et les amoureux du soleil au cœur
Quand nous chanterons le temps des cerises
Sifflera bien mieux le merle moqueur

Mais il est bien court le temps des cerises
Où l'on s'en va deux cueillir en rêvant
Des pendants d'oreilles
Cerises d'amour aux robes vermeilles
Tombant sous la feuille, en goutte de sang !

Je porte le deuil de tous ces êtres que j'ai aimés et qui sont tombés pour que les bienfaits de la solidarité et de la justice enfin s'imposent à tous. Pour que les femmes ces délaissées de l'humanité puissent voter... voter ! Pour que chaque homme et chaque femme puisse exprimer sa volonté. La démocratie pour tous !

Il me semble entendre Auguste Blanqui. Il m'a sacrément influencée presque autant que Théophile Ferré.

(Silence)

Mon Théophile ! Mon amour... Théo ! *(à voix basse)* Théo.

Il me manque. Oui Marie, ton frère me manque ...

Vous voyez la louve a connu la grâce d'être aimée, la grâce d'être possédée par cette passion qui ennoblit le cœur.

Sanguinaire une femme qui pleure l'amant à jamais disparu ! Sanguinaire ... Les imbéciles !

Vous entendez. Je le pleure encore aujourd'hui.

(À voix basse) Assassins...

[Le Temps des cerises]

Quand vous en serez au temps des cerises
Si vous avez peur des chagrins d'amour
Évitez les belles.
Moi qui ne crains pas les peines cruelles
Je ne vivrai pas sans souffrir un jour
Quand vous en serez au temps des cerises
Vous aurez aussi des peines d'amour

J'aimerai toujours le temps des cerises
C'est de ce temps là que je garde au cœur
Une plaie ouverte
Et dame fortune en m'étant offerte
Ne pourra jamais fermer ma douleur
J'aimerai toujours le temps des cerises
Et le souvenir que je garde au cœur.

Enfin moi je n'aurais jamais quitté mon amour. Je le sais, je le ressens.

Emprisonnée j'ai griffonné :

À *Clermont devant ma fenêtre fleurissait un grand rosier blanc.*

Quand la fleur s'ouvre on voit paraître sur sa chair un filet de sang.

Un tribunal militaire m'a infligé la plus rude sanction, le tourment d'être séparée de cet être adoré. Je le chérissais... Théo !... les salauds, je les hais ! Je les hais !... Thiers j'aurais dû te tuer ! Mais oui, en fait c'est ça, j'aurais dû...

Le drapeau rouge, nous le vénérerons toujours mais nous devons le refuser comme étendard de nos luttes! Sa couleur est celle du sang, le sang de tous ceux qui durant la commune se sont battus contre des forces d'oppression, implacables.

C'est la couleur des chemises de ceux que l'on a immolés sur les buttes de Chaumont bien que les combats fussent déjà finis...

Communards sans armes abattus ; prisonniers blessés achevés à la baïonnette ; soldats de la liberté fusillés entre les tombes du cimetière.

...La couleur de la gerbe de fleurs sur le sol de Satory quand s'est étendu l'homme de mes pensées aux pieds des soldats de la nuit.

Il m'avait donné son cœur, la tombe ne me l'a pas repris, il est mon unique bien. La couleur... des... œillets rouges.

[Les œillets rouges]

*Si j'allais au noir cimetière,
Frères, jetez sur votre sœur,
Comme une espérance dernière,
De rouges œillets tout en fleurs.*

*Dans les derniers temps de l'Empire,
Lorsque le peuple s'éveillait,
Rouge œillet, ce fut ton sourire
Qui nous dit que tout renaissait.*

*Aujourd'hui, va fleurir dans l'ombre
Des noires et tristes prisons.
Va fleurir près du captif sombre,
Et dis-lui bien que nous l'aimons.*

*Dis- lui que par le temps rapide
Tout appartient à l'avenir
Que le vainqueur au front livide
Plus que le vaincu peut mourir.*

Mes compagnons, jamais plus nous ne servirons le drapeau rouge parce qu'il nous fait frémir de douleur.

Et puis nous estimons que le simple respect impose dorénavant d'arborer l'étendard noir. Le noir du deuil.

Il dit le respect de la lutte de tous ceux qui ont choisi la cause du prolétariat en guerre contre la force d'un ordre injuste et cruel.

Quand on aperçoit le drapeau noir il faut avoir une pensée pour ces fils de la misère, qui se sont battus jusqu'à la mort, jusqu'à l'accepter parce que les idées qu'ils défendaient leur semblaient bien plus importantes que leur propre existence.

Vous qui venez nous rejoindre, vous qui venez renforcer nos rangs, ne le craignez pas ! Il doit être le vôtre si vous pleurez d'affronter la justice, si vous souffrez d'avoir faim, si vous tremblez d'avoir froid !

Auguste Blanqui, "l'enfermé" comme on le surnommait, a supporté la captivité pour tenter d'imposer ses idées. Plus de trente ans de souffrances, de sacrifices pour qu'un jour les vraies règles de justice s'appliquent, pour que le mot liberté prenne toute sa valeur, pour que flamboie le mot fraternité, la plus belle des vertus, celle qui a toujours dirigée son âme.

Si vous voulez qu'elle soit votre guide, votre étoile, choisissez l'étendard des exploités, symbole menaçant du peuple qui se lève. Colère des indigents, des misérables !

Annoncez la fraternité... Prouvez l'amour de votre semblable ! Soyez prêts à tous les sacrifices, jusqu'au suprême. Vous en serez digne.

Les lois iniques disparaîtront avec le reste : *il faut bien arracher le chaume et retourner la terre pour semer le blé nouveau.*

Partout où je suis allée, même durant la déportation en Nouvelle-Calédonie j'ai rencontré des hommes oubliés, méprisés.

Je me suis battue pour eux, convaincue de leurs droits.

Je me suis battue aux côtés des Kanaks quand ils se sont révoltés. Ces hommes que l'on avait mis au ban de l'humanité méritaient d'être écoutés.

En écrivant *Contes et Légendes Canaques*, j'ai voulu rendre hommage aux tribus autochtones, protéger leur culture par l'écriture.

Je leur ai dit :

Indigènes de Nouvelle Calédonie, vous êtes mes frères....

Je suis là auprès de vous, votre cause est la mienne.

L'homme, quelles que soient ses origines, quelle que soit sa culture mérite le respect. Est-ce si difficile à entendre ?

La force des tempêtes et des gouffres, portée comme un outil, brisera les rochers, creusera des passages dans les montagnes pour ne faire qu'un seul paradis humain des deux hémisphères.

Ni les États dont nous voyons les derniers haillons trempés du sang des humbles flotter dans la tourmente, ni les mensonges de carte géographique, de race, d'espèce, de sexe, rien ne sera plus de ces fadaises.

Si loin de la France...

*Des groupements libres d'individus libres,
le travail fait pour le bien de tous et de chacun:
il faudra bien qu'on en arrive là, par nécessité...*

La louve est de retour... L'astre de la révolution doit se lever enfin!

[Le chant des Captifs]

*Ici l'hiver n'a pas de prise
Ici les bois sont toujours verts ;
De l'Océan, la fraîche brise
Souffle sur les mornes déserts,
Et si profond est le silence
Que l'insecte qui se balance
Trouble seul le calme des airs.*

*Le soir sur ces lointaines plages
S'élève parfois un doux chant
Ce sont de pauvres coquillages
Qui le murmurent en s'ouvrant.
Dans la forêt, les lauriers roses,
Les fleurs nouvellement écloses
Frissonnent d'amour sous le vent.*

*Voyez, des vagues aux étoiles
Poindre ces errantes blancheurs !
Des flottes sont à pleine voiles
Dans les immenses profondeurs
Dans la nuit qu'éclairent les mondes
Voyez sortir du sein des ondes
Ces phosphorescentes lueurs !*

*Viens en sauveur, léger navire,
Hisser le captif à ton bord !
Ici dans les fers il expire :
Le bagne est pire que la mort.
En nos cœurs survit l'espérance,
Et si nous revoyons la France,
Ce sera pour combattre encor !*

Voici la lutte universelle :
Dans l'air plane la Liberté !
A la bataille nous appelle
La clameur du déshérité !...
...L'aurore a chassé l'ombre épaisse,
Et le monde nouveau se dresse
Sur l'horizon ensanglanté !

Là-bas, si loin de la France, ma plus belle victoire fut de réussir à créer des écoles. Filles, garçons, tous les enfants de toutes origines devaient être instruits. L'instruction, fil d'Ariane, délivre les esprits.

Toute mon existence je serai restée maîtresse d'école, mon devoir...

Moi-même je n'ai jamais cessé d'apprendre. L'île m'a dévoilé certains de ses secrets. J'ai vu et étudié des plantes nouvelles, observé des insectes encore inconnus que j'ai classifiés.

Mais la nature ne m'a jamais autant révélé que lorsque, protégée derrière un rocher, seule et fragile, j'assistais certains soirs au déchaînement envoûtant de l'Océan perturbé par les souffles d'une tempête.

D'énormes griffes d'écume s'élevaient jusqu'à moi.

Il faut toujours goûter à cette joie que donne la quête du savoir. Apprendre et transmettre...

Est-ce pour toutes ces raisons que l'on me condamne ?

On me reconnaît anarchiste. Anarchiste ? Je le revendique haut et fort. Je le suis devenue en me penchant sur les cadavres de mes frères d'armes. Paris était en flammes.

Sur la route du bagne, Nathalie Lemel m'a convaincue de mon bon choix : ni dieu, ni maître ! Ma dignité, mon orgueil ! Ni dieu, ni maître ! Mon unique projet.

Oui c'est toi Nathalie qui m'a déterminée à suivre la voie de l'anarchisme. Sois fière d'avoir su transmettre ces idées généreuses.

Vais-je vous surprendre, vous qui me connaissez si je vous dis que mon désir le plus cher serait d'être aimée, aimée même au-delà de la vie ?

Que l'on se souvienne de mes actions pour tous ceux qui ont souffert de vivre et pour que vienne le printemps où la race humaine préparera le nid de ses petits, plus malheureux jusqu'à présent que ceux des bêtes !

Ah ! J'ai encore l'odeur de la prison sur ma peau. Une odeur de moisi et de crasse, une odeur de mort : La fragrance de la misère.

Lorsque je suis entrée dans mon appartement de Levallois, je n'ai même pas défait ma valise. Je pense que je risque d'en avoir besoin très bientôt. *(Rires) (La main sur le front)*

Comme ça, une intuition.

Incorrigible la louve... *(Rires)* Rien ne me fera flancher.

Je me fous de leur police ! Cette police au service des exploiteurs du prolétariat ! Qu'elle aille au diable !

Bon, il semblerait que je n'ai pas trop le moral aujourd'hui. Tu prends de l'âge Louise, tu prends de l'âge! Ménage-toi un peu. Ne riez pas, je suis sincère.

Aujourd'hui même, après notre réunion, je dois répondre au dernier courrier de Georges Clemenceau que j'ai reçu avant de sortir... Oui, je sais qu'il n'est pas de nos luttes, qu'il n'approuve pas nos méthodes mais je dois lui exprimer ma gratitude pour toutes ses interventions qui m'ont permis de sortir plus tôt. Georges est un vieil ami loyal. Il m'a toujours réconfortée dans les pires épreuves.

Je lui dirai :

"Mon cher Georges, votre sentiment amical et votre franche sollicitude m'aident à croire encore en l'humanité ..."

Cela le flattera. Il le mérite, croyez-moi.

Il faut que je lui annonce que nous avons prévu d'aller soutenir les mineurs de Decazeville très bientôt. Je sais déjà les conseils de prudence qu'il saura me prodiguer. Que je n'écouterai pas, d'ailleurs !

De tels conseils ne nous conviennent pas. C'est ainsi, nous n'allons pas nous changer maintenant. De plus, nous n'avons à déplorer aucune de nos actions. Aucune !

Et j'ajouterai :

"Mon cher Georges

Vous savez que je n'ai qu'un seul regret, un seul : de ne pas être tombée aux côtés de mon Théo."

J'appartiens toute entière à la révolution sociale. Avec tous mes amis de lutte *nous sommes la force du peuple !*

La louve est de retour !

L'astre de la révolution doit se lever enfin !

APPENDICES

Hirondelle

*Hirondelle qui viens de la nue orageuse
Hirondelle fidèle, où vas-tu ? dis-le-moi.
Quelle brise t'emporte, errante voyageuse ?
Écoute, je voudrais m'en aller avec toi,*

*Bien loin, bien loin d'ici, vers d'immenses rivages,
Vers de grands rochers nus, des grèves, des déserts,
Dans l'inconnu muet, ou bien vers d'autres âges,
Vers les astres errants qui roulent dans les airs.*

*Ah ! laisse-moi pleurer, pleurer, quand de tes ailes
Tu rases l'herbe verte et qu'aux profonds concerts
Des forêts et des vents tu réponds des tourelles,
Avec ta rauque voix, mon doux oiseau des mers.*

*Hirondelle aux yeux noirs, hirondelle, je t'aime !
Je ne sais quel écho par toi m'est apporté
Des rivages lointains ; pour vivre, loi suprême,
Il me faut, comme à toi, l'air et la liberté.*

*Louise Michel, Chansons d'oiseaux
avril 1861*

Manifestation de la paix

C'est le soir, on s'en va marchant en longues files,
Le long des boulevards, disant : la paix ! la paix !
Dans l'ombre on est guetté par les meutes serviles.
O liberté ! ton jour viendra-t-il jamais ?
Et les pavés, frappés par les lourds coups de canne,
Résonnent sourdement, le bandit veut durer ;
Pour rafraîchir de sang son laurier qui se fane,
Il lui faut des combats, dût la France sombrer.
Maudit ! de ton palais, sens-tu passer ces hommes ?
C'est ta fin ! Les vois-tu, dans un songe effrayant,
S'en aller dans Paris, pareils à des fantômes ?
Entends-tu ? dans Paris dont tu boiras le sang.
Et la marche, scandée avec son rythme étrange,
A travers l'assommade, ainsi qu'un grand troupeau,
Passe ; et César brandit, centuple, sa phalange
Et pour frapper la France il fourbit son couteau.
Puisqu'il faut des combats, puisque l'on veut la guerre,
Peuples, le front courbé, plus tristes que la mort,
C'est contre les tyrans qu'ensemble il faut la faire :
Bonaparte et Guillaume auront le même sort.

Louise Michel (1870)

Chanson des prisons

Quand la foule aujourd'hui muette,
Comme l'Océan grondera,
Qu'à mourir elle sera prête,
La Commune se lèvera.
Nous reviendrons foule sans nombre,
Nous viendrons par tous les chemins,
Spectres vengeurs sortant de l'ombre,
Nous viendrons nous serrant les mains.
La mort portera la bannière ;
Le drapeau noir crêpe de sang ;
Et pourpre fleurira la terre,
Libre sous le ciel flamboyant,

Louise Michel (mai 1871)

Dédicace

Myriam !!!

Myriam ! Leur nom à toutes deux.

Ma mère !

Mon amie !

Va, mon livre sur les tombes où elles dorment !

Que vite s'use ma vie pour que bientôt je dorme près d'elles !

Et maintenant, si par hasard mon activité produisait quelque bien, ne m'en sachez aucun gré, vous tous qui jurez par les faits, je m'étourdis, voilà tout.

Le grand ennui me tient. N'ayant rien à espérer ni rien à craindre, je me hâte vers le but, comme ceux qui jettent la coupe avec le reste de la lie.

Louise Michel (*Mémoires*)

Victor Hugo pour Louise Michel
Viro Major (Extraits)

Ayant vu le massacre immense, le combat
Le peuple sur sa croix, Paris sur son grabat,
La pitié formidable était dans tes paroles.
Tu faisais ce que font, les grandes âmes folles
Et, lasse de lutter, de rêver, de souffrir,
Tu disais : « J'ai tué ! » car tu voulais mourir.

(...)

Et ceux qui, comme moi, te savent incapable
De tout ce qui n'est pas héroïsme et vertu.
Qui savent que si l'on te disait: « D'où viens-tu ? »
Tu répondrais : « Je viens de la nuit où l'on souffre ;
Oui, je sors du devoir dont vous faites un gouffre!
Ceux qui savent tes vers mystérieux et doux,
Tes jours, tes nuits, tes soins, tes pleurs donnés à tous.
Ton oubli de toi-même à secourir les autres
Ta parole semblable aux flammes des apôtres ;
Ceux qui savent le toit sans feu, sans air, sans pain
Le lit de sangle avec la table de sapin
Ta bonté, ta fierté de femme populaire.
L'âpre attendrissement qui dort sous ta colère.

(...)

Ton long regard de haine à tous les inhumains
Et les pieds des enfants réchauffés dans tes mains...

Victor Hugo, décembre 1871

Lettres de Louise MICHEL à Victor HUGO

Extraits

Monsieur,

Je ne sais ce que je vous dirai mais je suis au désespoir et il faut que je vous écrive pour souffrir moins. Je ne m'inquiète pas si ma lettre doit vous paraître étrange car vous ne me connaissez pas et tout ce qui me tourmente ne peut vous toucher, mais il faut que je vous le dise pour me calmer un instant.

Mme Demahis, ma grand-mère que je n'ai jamais quittée, est dangereusement malade et je me trouve sans force et sans courage contre cette affreuse inquiétude. Je suis comme folle, je ne sais pas ce que je fais ni ce que je dis. L'idée de la perdre est horrible pour moi et je n'en ai pas d'autre. Je vois bien qu'il n'y a plus d'espoir et que tout ce qu'on me dit de rassurant n'est que pour me consoler et cependant, malgré son âge, je ne puis m'imaginer qu'il me soit possible de vivre sans elle. J'oublie presque qu'il me resterait ma mère à consoler. Depuis que je suis au monde, je n'ai jamais quitté mon aïeule. Elle a été ma seule institutrice. Nous ne vivions que l'une pour l'autre et maintenant tout cela va finir.(...) On dit que je suis pieuse, eh bien, si je la perdais, il me semble que je ne croirais plus rien. Dieu serait trop cruel.(...)

Adieu, pardon de cette lettre, je suis folle de douleur, je ne sais que devenir, tout me semble mort, écrivez-moi.

Louise Michel

Lettre - Extraits

Merci, Ô merci mille fois. C'est du bonheur, au milieu de toutes mes peines, de me réfugier en vous comme dans un autre monde. Je ne vous écrirai pas souvent mais de bien longues lettres où je vous enverrai toute mon âme. Si j'ai cru que vous ne me répondiez pas, c'était sans vous accuser. Hugo, je croyais à la fatalité. Je désespérais même de dieu et il semblait qu'il devait me maudire parce qu'en doutant de lui j'avais foi en vous. Merci encore. N'importe ce qui m'arrive : si je vous le confie, je souffrirai moins. Qu'importe la distance entre nous, mon âme est un rayon du vôtre et je laisse courir ma pensée sans m'inquiéter. (...) Laissez-moi vous dire tout ce que je pense, comme si vous étiez là, devant le foyer et dans le fauteuil vide de ma grand-mère, vos mains dans les miennes, ainsi que nous restions de longues heures le soir, elle et moi. Avez-vous éprouvé parfois de ces instants où l'âme brise le corps ? C'est ainsi que je mourrai, et alors je serai bien heureuse, je la reverrai. Et si dieu me donne des ailes, je veillerai sur vous(...) J'en suis venue à douter de tout, même de la réalité de l'existence. J'écrirai quelques pages de ma vie, mais pour vous seul. Tout ce que je vous dirai ne sera qu'entre dieu et nous. Et vous comprendrez pourquoi j'ai cru à la fatalité, et pourquoi, quand un nom magique a brillé dans ma nuit, j'ai crié vers lui. (...)Hugo, ne m'oubliez jamais, dites-moi que vous pensez à moi. Lors même que cela ne serait pas, dites-le moi .

(...)

Je ne puis vous dire toutes les impressions de mon enfance. C'est un mélange de douleur, de joie, de rêves, de destinée et de cette idée de la fatalité à laquelle croyait ma mère. Je me rappelle qu'un jour une vieille femme me berçait dans ses bras en disant : « Va dormir dans le cimetière, petite. » Ces paroles me sont toujours restées dans le cœur comme une malédiction. Une autre fois, c'était des jeunes filles qui me disaient en riant : « Va-t-en chez ton père » et qui riaient plus fort parce que je pleurais.

Maintenant, tout cela m'apparaît comme un rêve. J'entends encore ma grand-mère qui me consolait, pleurait avec moi ou me chantait de longues romances . Combien j'ai de souvenirs de ce temps où j'étais, tantôt si joyeuse, tantôt déjà lasse de la vie. Les veillées du soir où mon grand-père me disait des histoires de brigands et de chevaliers, ou me parlait de la Vendée, de la révolution, de Louis XVI, le son de sa guitare qu'il me semble encore entendre le soir, et le piano de ma grand-mère que j'écoutais les yeux fermés, pour voir chaque note prendre une forme et une vie. Je ne sais si vous éprouvez cela comme moi mais la musique me révèle tout un monde. Il y a des voix d'oiseaux qui chantent dans les bois, des rondes de démons qui passent en jetant une mort fatale, des notes qui s'envolent comme des séraphins, d'autres qui grondent, qui pleurent. Et tout cela se dresse, prend un corps et une vie, et forme des scènes étranges. Ainsi le plan que je vous envoie est une de ces images qui se dressent devant moi pendant la durée d'un morceau de musique et que j'ai eu la fantaisie d'écrire.

(...)

Il y a dans ces souvenirs d'enfance un mélange de figures sinistres, douces, grotesques qui me frappe encore. Ainsi, c'est une vieille religieuse qui me faisait joindre les mains et répéter Ave Maria quand l'angélus sonnait dans les branches et que les étoiles brillaient. A cette heure, j'ai toujours eu envie de m'envoler au ciel . Souvent ma grand-mère pleurait de mes rêves, elle disait que cela me porterait malheur, comme à elle qui avait cette âme de feu et dont la vie n'avait été qu'une torture. (...) et, au milieu de tout cela, la figure sombre de mon père qui se dressait devant moi de temps à autre, à qui je tendais les bras et qui me repoussait. Alors on me disait : « C'est que tu n'es pas assez sage, sans cela ton père t'aimerait. »

(...)

Un jour, mon père vint à la maison avec un notaire ; c'était pour se marier avec une autre que ma mère. Je me rappellerai toujours l'impression que je ressentis et combien je pleurais, à genoux, dans cette petite chambre à fenêtre grillée où j'étais venue au monde. Je demandais à Dieu de lui donner des enfants qui l'aiment comme je l'aurais aimé.

(...) Mon père avait deux enfants. Quelquefois, il les amenait à la maison, et moi, leur sœur, je n'osais même pas les embrasser. Tout cela dura quelques années, puis je vis peu à peu mon père revenir à moi. Les enfants s'attachaient à ma robe et pleuraient de me quitter et lui me témoignait autant de tendresse qu'il m'avait témoigné de froideur. Mais, alors, mon grand-père était mourant, et ma tante avait avec son mari un procès de séparation. Je n'ai jamais pu être heureuse complètement. Il y a une chose singulière, c'est que mes peines ont toujours été immenses, lorsque j'ai éprouvé un grand bonheur.

(...) Mon grand-père mourut. C'était par une nuit de

décembre, le vent pleurait. Je me rappelle chaque circonstance de sa mort comme si c'était hier. Il avait toujours été un peu de l'école de Voltaire et on n'avait pas demandé de prêtre. Au moment de sa mort, je me consacrai entièrement à Dieu pour sauver son âme, et cependant, entre nous, Hugo, je ne puis croire à l'éternité de l'enfer. Après la mort de mon grand-père, ma tante revint à la maison ; c'était pour y mourir aussi. Durant quelques mois, elle m'aima comme je l'aimais. Sans moi, elle souffrait davantage. Je la perdis, et après elle, mon père, et puis cette jeune fille que j'aimais tant aussi. Il me semblait que je leur portais malheur à tous.

(...) Il y a cependant encore une de mes peines qu'il faut que je vous dise. Celle-là est horrible. C'est de douter de la franchise de ma mère. Mon père me soutenait que j'étais sa sœur et non sa fille. Je ne le crois pas, et pourtant c'est une pensée horrible que vous seul saurez jamais et que je veux écarter de moi, car il me semble que c'est un crime envers ma mère si bonne et si franche.

Je ne veux pas vous parler aujourd'hui de tout ce qui s'est passé depuis la mort de ma grand-mère, de ce monde qui tantôt me repousse, tantôt me flatte, qui vient et s'en va comme un flot. Tout cela est un songe ; je n'y veux pas réfléchir. J'aime mieux laisser aller ma plume sans réfléchir.

Savez-vous ce que je vous dirais si j'avais de grandes ailes de vapeur et de flamme et que Dieu m'eût fait votre ange gardien ? Je vous dirais : s'il est vrai qu'on veuille rappeler les Bourbons de l'exil, c'est à toi, poète, à élever la voix le premier pour cette belle et grande inspiration. Tu aimes la liberté, la gloire ; ton âme a des larmes pour toutes les douleurs. Ne laisseras-tu pas tomber quelques paroles de clémence ?

Voilà ce que je vous dirais, Olympio, si j'étais votre ange, et je descendrais du ciel pour vous écouter, en repliant mes ailes sur ton front.

Adieu. Je m'arrache à ma lettre. La pensée que vous la trouverez trop longue me fait mal.

Louise Michel   (De Vroncourt ; 1850)

Paul Verlaine pour Louise Michel

Ballade en l'honneur de Louise Michel

Madame et Pauline Roland

Charlotte, Théroigne, Lucile.
Presque Jeanne d'Arc, étoilant
Le front de la foule imbécile,
Nom des cieux, coeur divin qu'exile :
Cette espèce de moins que rien
France bourgeoise au dos facile
Louise Michel est très bien.

Elle aime le Pauvre âpre et franc
Ou timide, elle est ta faucille
Dans le blé mûr pour le pain blanc
Du Pauvre, et la sainte Cécile,
Et la Muse rauque et gracile
Du Pauvre et son ange gardien
A ce simple ; à cet imbécile.
Louise Michel est très bien.

Gouvernements et mal talent,
Mégathérium ou bacille,
Soldat brut, robin insolent,
Ou quelque compromis fragile.
Tout cela son courroux chrétien
L'écrase d'un mépris agile.
Louise Michel est très bien.

Envoi

Citoyenne ! Votre évangile
On meurt pour ! c'est l'Honneur! et bien
Loin des Taxil et des Bazile
Louise Michel est très bien

Avant-propos	9
Louise Michel La Louve	13
Appendices	51